MIT LEOLI BEI DEN DINOSAURIERN

Liebe Eltern, liebe Tanten und Onkel, liebe Großeltern...

ganz herzlichen Dank, dass ihr euch für dieses Buch entschieden habt.
Ich bin Marie, Erziehungswissenschaftlerin und Leiterin des wohl größten digitalen Kindergartens! Als während Corona die Kindergärten schließen mussten, habe ich kurzerhand entschieden, mein Wissen rund um Kinderbeschäftigung mit Eltern zu teilen, die ihre Kids zu Hause betreuen mussten. Herausgekommen sind die Spiel-, Bastel- und Lernideen rund um den lieben Löwen Leoli.

Innerhalb kürzester Zeit haben über 50 000 Familien die Ideen genutzt und die Geschichten zum Leben erweckt. Wir sind bereits in viele spannende Welten gereist und haben z. B. die Tiefen der Meere erforscht oder spannende Tiere auf dem Bauernhof kennengelernt.

Unsere Abenteuer gehen weiter und dazu laden wir euch jetzt recht herzlich ein: Taucht spielerisch in unsere Welten ab und verbringt eine bunte Familienzeit!

Habt ganz viel Spaß, wenn ihr Leoli und seine Freunde
kreativ durchs Jahr begleitet.

Eure Marie & Leoli

FEEDBACK UNSERER ELTERN

So wird die Kita-to-Go in 50 000 Familien gelebt

»Vielen lieben Dank für die tollen Bemühungen, Ideen etc. Unsere 5-jährigen Zwillinge und ich sind begeistert!«   Martina

»Hey, Marie! Dein Angebot ist einfach der Wahnsinn. Meine Kinder (2+4 Jahre) liiiiiiieben es. Noch im Bett muss ich vorlesen, was Leoli heute geplant hat. Dank dir kann ich die Zeit mit den Kindern daheim so toll gestalten! Vielen lieben Dank.« Barbara

»Ich möchte einfach mal Danke sagen. Mein Sohn ist jetzt knapp 3 Jahre alt und viele Ideen sind zwar noch etwas zu schwierig, wir haben aber trotzdem schon viel Spaß. Vor allem an den Nachmittagen und Wochenenden. Freuen uns auf mehr – weiter so.«   Susanne

JOIN US:
MELDE DICH GRATIS IN
UNSERER DIGITALEN KITA AN

www.kitatogo.de

3

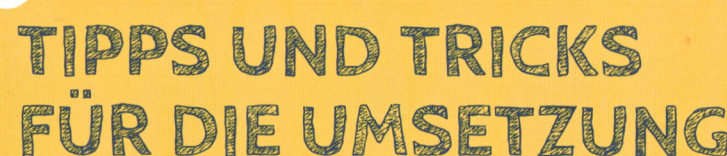

TIPPS UND TRICKS FÜR DIE UMSETZUNG

1. MACHT ES EUCH PASSEND

Jedes Kind und jede Familie ist anders. Es liegt ganz an euch, wie und wann ihr die Angebote umsetzt. Ihr könnt das Buch an Regentagen herausholen, oder wollt ihr einen Bastel- und Spielmarathon am Wochenende hinlegen? Eure Kids wollen gleich drei Bewegungsspiele hintereinander spielen? Das finde ich total cool, also fühlt euch frei, das Buch so zu nutzen, wie es in euren Familienalltag passt.

2. PERFEKT UNPERFEKT

Wir wollen gerne, dass ihr echte Momente mit euren Kindern erlebt. Getreu dem Motto »der Weg ist das Ziel«: Kinderbastelarbeiten können ruhig auch so aussehen! Daher gibt es in diesem Buch auch (fast) keine Vorlagen. Seid mutig und traut euch, einfach loszulegen. Euer Dino ist etwas schief geraten oder ihr habt nicht die richtige Farbe an Tonpapier da? Was soll's – Hauptsache, ihr habt gemeinsam Spaß!

3. BELEBT EURE ›ALTEN‹ SPIELZEUGE

Spielzeuge werden schnell langweilig? Mit unseren kreativen Ideen zu den unterschiedlichen Mottos könnt ihr auch in Vergessenheit geratene Spielzeuge wiederbeleben. Motiviert eure Kids hin und wieder, nach Spielzeugen oder Büchern zu suchen, die zum Thema Dinosaurier, Pflanzen, Vulkane etc. passen.

4. BEZIEHT DIE KINDER KOMPLETT MIT EIN

Die gemeinsame Familienzeit sollte sich nicht nur auf die tatsächliche Aktivität beschränken! Bezieht die Kids in den gesamten Prozess mit ein. Angefangen bei der Vorbereitung bis hin zur Entscheidung, wo das Gebastelte eventuell aufgehängt werden soll.

5. MAKE IT HARDER – MAKE IT EASIER

Unsere Ideen sollen euch die gesamte Kindergartenzeit begleiten! Daher sind die meisten Angebote leicht abzuwandeln. Lasst bei den jüngeren Kindern z. B. die Briefe weg und beschränkt euch eher auf die sinnlichen Erfahrungen, z. B. auf das Anmalen. Je älter die Kids sind, desto detailreicher können beispielsweise die Bastelarbeiten werden oder die Spiele auch etwas kompetitiver.

6. IDEEN FÜR EUREN KINDERGEBURTSTAG

Viele Ideen aus diesem Buch könnt ihr auch auf eurem nächsten Kindergeburtstag umsetzen. Vor allem die Bewegungsspiele eignen sich hervorragend als Partyspiele.

7. HAPPY-TIME OHNE ABLENKUNG

Egal ob mit Eltern, Großeltern, Onkel oder Tante: Wir wollen, dass eure Familienzeit bunt wird. Habt daher einfach Spaß mit den Angeboten und taucht mit den Kids in die tollen Abenteuer ein! Vermeidet Ablenkungen etc., indem ihr z. B. das Handy stumm schaltet.

SO FUNKTIONIERT'S

In diesem Buch findet ihr Spiel-, Bastel- und Lernideen zum Thema Dinosaurier. Fünf spannende Abenteuer warten schon darauf, von euch belebt zu werden. Seht euch zuerst die große Mottokarte an und freut euch, die Dino-Freunde gleich noch näher kennenzulernen. Jedes Abenteuer beginnt mit einem Brief für die Kinder. Den Brief lest ihr am besten gemeinsam, bevor ihr mit den Angeboten beginnt. Ihr erfahrt vom lieben Löwen Leoli, was gerade passiert und in welcher Situation sich die Freunde befinden. Danach könnt ihr direkt mit den Angeboten loslegen. Schaut euch natürlich auch das tolle Bild zum Brief an.

Getreu dem Kita-to-Go-Konzept gehört jedes Angebot zu einer Kategorie – ihr erkennt das an den unterschiedlichen Buttons. Was genau hinter diesen Buttons steckt, das erfahrt ihr hier:

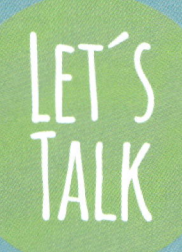

Bei Let's Talk habt ihr die Möglichkeit, über Themen zu sprechen, die in diesem Kapitel interessant werden. Ihr findet hier nicht nur konkrete Vorschläge für Fragen, sondern werdet auch angeregt, euch darüber hinaus mit den Themen zu beschäftigen. Ihr schult spielerisch das Sprechen und Verstehen, Zuhören, die Kreativität und das Denken!

Bei Let's Move kommen wir in Bewegung. Ihr findet tolle Bewegungsspiele für drinnen oder draußen. Wir schulen beim Laufen, Krabbeln und Hüpfen vor allem die Grobmotorik und können kreativ werden, z. B. beim Gestalten von Parkours oder wir erweitern Spielregeln und denken uns neue aus. Bei den meisten Bewegungsspielen können wir auch fetzige Musik auflegen und uns richtig auspowern.

Hinter Let's Play versteckt sich immer wieder eine Über-raschung. Manchmal basteln wir uns selbst ein cooles Spielzeug oder wir spielen ein Spiel, bei dem wir erste Buchstaben kennenlernen, das Zählen oder sogar schon das Rechnen üben können. Vor allem Vorschulkinder können mit Spaß die Kompetenzen aufbauen, die später in der Schule wichtig werden.

Bei Let's Create heißt es: Auf, die Schere, fertig, los! Bei kleinen Bastelprojekten erleben wir uns als ganz beson-ders wirksam und freuen uns über anfassbare Ergeb-nisse. Die Bastelideen sind allesamt so ›easy‹, dass die Kinder, und nicht die Eltern, sie basteln können. Ganz nebenbei rückt hier natürlich die Feinmotorik in den Fokus!

In unseren Junior-Angeboten ist Teamwork gefragt. Zusammen mit einem Erwachsenen können auch schon die kleineren Kids ihre Feinmotorik schulen. Hier steht vor allem das An- und Ausmalen, Beobachten, Ein-fädeln und Stempeln im Mittelpunkt. Zusammen mit einer großen Person wird das sinnliche Erleben zu einem unvergesslichen Abenteuer.

MATERIALLISTE

Keine Sorge! Die Materialliste enthält wirklich alle Materialien, die ihr für die Ideen im Buch benötigt. Geht die Liste einmal in Ruhe durch und ihr werdet merken, dass man die meisten Sachen ohnehin zu Hause hat. Für die Basismaterialien empfehle ich euch, eine fertige Bastelkiste bzw. ein -set zu kaufen. Darin findet ihr so allerhand Materialien und könnt eigentlich sofort loslegen!

AUS EURER BASTELKISTE

- Filz- und Buntstifte
- Pinsel
- Knete
- Schnur
- Fingerfarbe
- Pappteller
- Tonpapier
- Trinkhalm (Papier)
- Luftballons
- Pompom
- Wackelaugen
- Schere und Kleber

FINDET IHR BEI EUCH ZU HAUSE

- Klebezettel
- Tablett
- Sand
- Salzteig
- Spielfiguren, z. B. Dinos
- Lego- oder Duplosteine
- Würfel
- Sockenpaare
- Wäscheklammern

- Plastikflasche
- Murmel
- Alufolie
- Backpulver
- Essig
- Lebensmittelfarbe
- Pappschachteln
- Tischtennisball
- Pflanzenöl

TAG 1
GROSSE AUSGRABUNG

WAS AM ERSTEN TAG PASSIERT

LET'S TALK: DINOSAURIER

LET'S MOVE: DINOFUSSSPUREN

LET'S PLAY: GROSSE AUSGRABUNG

LET'S CREATE: DINOZAHN

JUNIOR: FOSSILIEN

BITTE VORLESEN

Liebe Kinder,

super, dass ihr da seid. Wie ihr sehen könnt, bin ich bereits auf großer Spurensuche! Vor langer, langer Zeit haben nämlich genau hier echte Dinosaurier gelebt. Wenn wir also nur tief genug graben, können wir auf alte Knochen, Zähne oder andere Fossilien stoßen.

Schnappt euch schnell eine Schaufel oder einen Pinsel und macht bei unserer großen Ausgrabung mit. Ich bin mir ziemlich sicher, dass wir etwas finden werden! Und dann, liebe Kinder, gibt es eine tolle Überraschung. Aber ein Schritt nach dem anderen. Wir wollen keine Zeit verlieren. Let's go!

Euer lieber Löwe Leoli

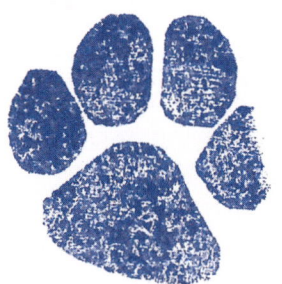

DINOSAURIER

LET'S TALK

» Seht mal, ich habe schon so viele Knochen ausgegraben. Aber bevor wir diese untersuchen: Was wisst ihr denn schon über Dinos?«

1. Setzt euch gemeinsam hin und schaut euch zunächst die Mottokarte (zum Ausschneiden auf Seite 72) an. Was seht ihr darauf?

2. Geht auf Spielzeugjagd: Habt ihr bereits Bücher, Tiere oder andere Spielsachen rund um das Thema Dinosaurier?

3. Was wisst ihr denn schon über die schrecklichen Echsen? Lest zusammen unser ›Wissen-to-Go‹!

4. Schaut euch die nächste Seite an und helft mir beim Rätseln.

WISSEN-TO-GO: Dinosaurier waren Tiere, die vor langer Zeit ausgestorben sind. Der Name »Saurier« ist griechisch und bedeutet »Eidechse«. Die bekanntesten Saurier sind die Dinosaurier. »Dino« ist ebenfalls griechisch und bedeutet »schrecklich«. Also heißt Dinosaurier übersetzt »schreckliche Eidechse«. Es gab viele unterschiedliche Dinos und nicht alle lebten zur gleichen Zeit und am gleichen Ort. Übrigens, die Forscherinnen und Forscher, die sich mit Dinos und Fossilien beschäftigen, werden Paläontologinnen und Paläontologen genannt!

»Von klein zu groß! Könnt ihr die gefundenen Knochen zählen und der Größe nach sortieren? Zeigt mir, welcher Knochen ist z. B. der kleinste? Wenn euch das noch zu schwierig ist, malt den kleinsten Knochen rot und den größten Knochen gelb an.«

FUSSSPUREN

LET'S MOVE

» Liebe Kinder, habt keine Angst vor mir. Ich bin Emilio Mausezahn. Ich bin zwar ein Tyrannosaurus, habe aber noch meine Milchzähne und kann euch nichts tun. Kommt, ich stelle euch meine Dinofreunde vor.«

In diesem Spiel folgen wir den Spuren des Tyrannosaurus Emilio. Er ist sehr schnell, also folgt einfach seinen Fußspuren. Schnappt euch gemeinsam ein paar Klebezettel (5 bis 10) und malt einfache Dinofußabdrücke darauf. Jetzt kann der Erwachsene eine Fährte legen und die Fußabdrücke in der Wohnung/im Haus oder in einem Außengelände verteilen. Die Kinder haben dann die Aufgabe, der Spur zu folgen und das Ziel zu erreichen. Dort kann z. B. eine Dinofigur auf die Kinder warten, oder das nächste Spiel.

PROFITIPP: Beachtet beim Legen der Spur, dass die Klebezettel gut sichtbar sind und von den Kindern nacheinander gefunden werden können. Helft ansonsten mit den Worten »heiß« und »kalt«. Wenn die Kinder schon Zahlen lesen können, könnt ihr die Fußabdrücke vor dem Verstecken auch nummerieren, sodass der Weg in der richtigen Reihenfolge gefunden werden kann.

MATERIALIEN

- KLEBEZETTEL
- STIFT

GROSSE AUSGRABUNG

LET'S PLAY

» Hi, ich bin Trixi Triceratops. Wie cool, dass ihr bei der Ausgrabung auf uns gestoßen seid. Zeigt mal, wen habt ihr denn noch gefunden?«

1. Schneidet zuerst die Dinos aus der Vorlage auf den Seiten 65 und 66 aus.

2. Bereitet euch nun ein Tablett oder den Deckel eines Schuhkartons vor, auf das ihr vorsichtig Sand oder Mehl schüttet.

3. Schüttet so viel Sand oder Mehl drauf, dass der Boden leicht bedeckt ist.

4. Der Erwachsene kann dann die ausgeschnittenen Dinos auf dem Tablett unter dem Sand verstecken.

5. Die Kids können sich nun mit den Pinseln ausstatten und die einzelnen Dinos freipinseln – bis alle gefunden sind!

MATERIALIEN

- VORLAGE DINOS
- TABLETT ODER SCHUHKARTONDECKEL
- SAND
- PINSEL

DINO-ZAHN

Achtung: Für die Vorbereitung der beiden Angebote braucht ihr etwas Zeit!

LET'S CREATE

»Oh, wer oder was seid ihr denn? Ich bin Boris Brachiosaurus. Wie ich sehe, habt ihr einen Zahn von mir gefunden? Ihr könnt ihn gerne behalten als Zeichen meiner Freundschaft.«

1. Mischt euch den Salzteig zusammen (2 Teile Mehl, je 1 Teil Salz und Wasser) und lasst diesen kurz stehen.

2. Nehmt euch nun ein bisschen Teig und formt ein großes Dreieck, also euren Dinozahn.

3. Der Zahn muss nun, je nach Dicke, mindestens 12 Stunden trocknen.

4. Wenn er getrocknet ist, könnt ihr euren Dino-Zahn entweder direkt auf eine Schnur ziehen und umhängen oder zuvor noch mit Fingerfarbe anmalen.

MATERIALIEN

- SALZTEIG ODER MODELLIERMASSE
- STIFT
- SCHNUR
- GGF. FINGERFARBE

FOSSILIEN

JUNIOR

»Huhu, ich bin Wilma!
Ich bin ein echter Flugsaurier. Von hier oben kann ich euch helfen, noch mehr versteinerte Dinos zu finden. Ich halte meine Augen auf und ihr grabt dann, okay?«

1. Mischt euch einen Salzteig zusammen und lasst diesen kurz stehen. Vielleicht habt ihr ja Teigreste vom Dino-Zahn?

2. Rollt euch dann kleine Kugeln und drückt sie platt.

3. Nehmt eine Dinofigur und drückt diese in den Teig, sodass der Abdruck auf dem Teig zu sehen ist. Wenn ihr keine Figur habt, könnt ihr auch andere Fossilien herstellen und z. B. Lego hinein- drücken oder eure Hand.

4. Lasst eure Fossilien nun gut trocknen, ehe ihr sie bunt anmalt.

 **PROFITIPP:** Das klappt übrigens auch prima mit Knete oder Keksteig.

MATERIALIEN

- SALZTEIG ODER KNETE
- KLEINE SPIELFIGUREN

TAG 2
LEOLISAURUS

WAS AM ZWEITEN TAG PASSIERT

LET'S TALK: LEOLISAURUS

LET'S MOVE: DINO-ROARK-OUT

LET'S PLAY: GRÖSSENVERGLEICH

LET'S CREATE: MASKE

JUNIOR: SPURENLESEN

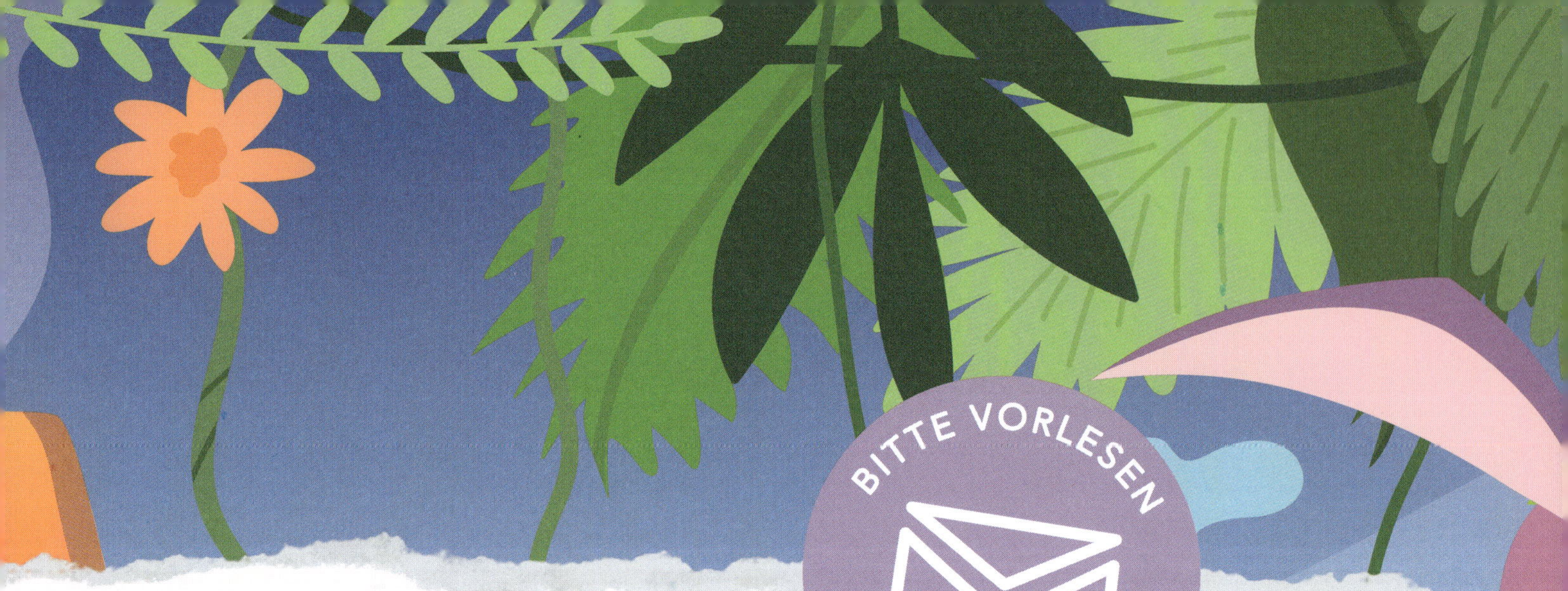

Liebe Kinder,

wie gut, dass ihr auch da seid. Ich habe nämlich eine wichtige Ankündigung zu machen. In der letzten Nacht konnte ich vor lauter Aufregung kaum einschlafen. Und ich verrate euch auch, warum: Ich habe mich nämlich dazu entschieden, ein echter Dinosaurier zu werden! Jawohl – ein Leolisaurus. Ihr fragt euch jetzt bestimmt, was man dafür machen muss, oder?

Ehrlich gesagt, das weiß ich selbst noch nicht genau. Aber unsere Dinofreunde werden uns gleich zeigen, wie man sich als echter Dino verhält. Wie sieht's bei euch aus, habt ihr auch Lust, echte Dinosaurier zu werden? Super, dann – let's go!

Euer lieber Dino Leolisaurus

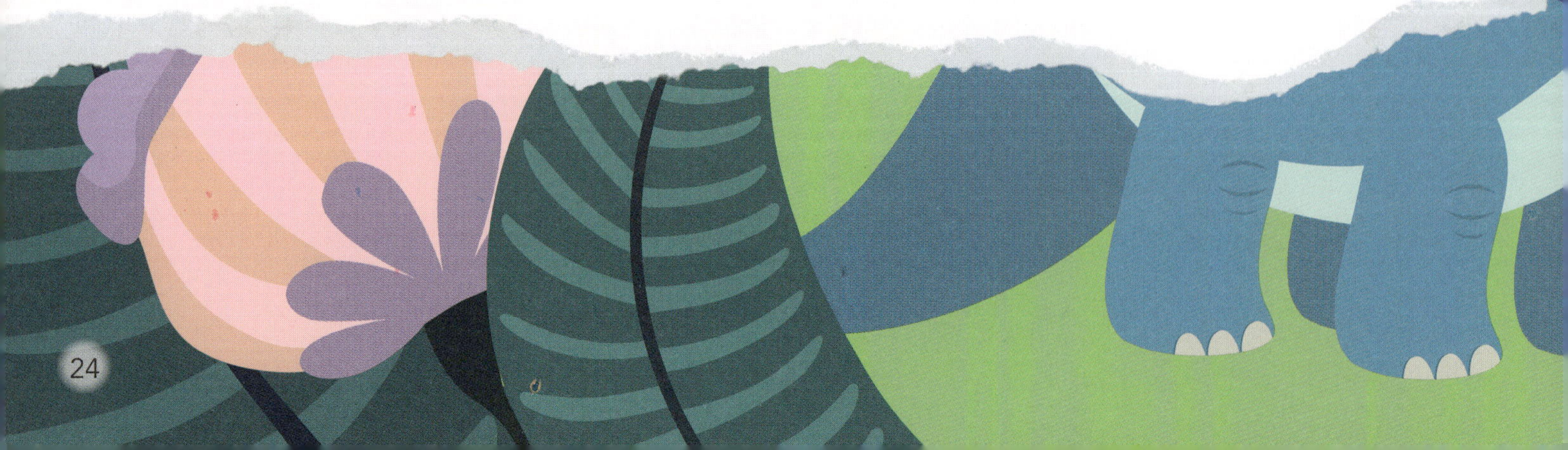

LEOLISAURUS

LET'S TALK

» Liebe Kinder, bevor wir uns gleich
in Dinos verwandeln, sollten wir überlegen, was wir für Dinosaurier werden wollen.«

1. Schnappt euch die Mottokarte
und seht euch noch mal unsere
Dinofreunde an. Wisst ihr noch,
wie sie heißen? Ihr wollt noch
mehr über die Dinos erfahren?
Dann lest zusammen unser
›Wissen-to-Go‹!

2. Wie lautet euer Dinoname?
Hängt einfach an euren Namen
ein ›saurus‹ ran. Wie heißen
denn eure Dinoeltern oder
Dinogroßeltern?

3. Helft mir: Auf der nächsten Seite
möchte ich mich in einen tollen
Dino verwandeln. Malt mich
dafür schön bunt an!

WISSEN TO GO: Die Überreste von Dinosauriern
hat man auf der ganzen Welt gefunden. Man
weiß, sie waren eine vielfältige Tiergruppe.
Über 700 verschiedene Arten hat man bereits
entdeckt. Zum Beispiel gab es Pflanzen- und
Fleischfresser. Einige Dinos hatten zwei Beine,
andere vier. Manche waren so groß wie Häuser
und manche so klein wie Hühner. Auch die Welt
sah damals ganz anders aus als heute. Überall
gab es Natur und natürlich auch Pflanzen, die es
heute nicht mehr gibt.

»Wusstet ihr schon, dass niemand so wirklich weiß, ob Dinos bunt waren und ob sie Muster oder auch Flecken hatten? Wie würde ich aussehen, wenn ich ein echter Leolisaurus wäre? Male mich bunt an.«

DINO-ROARK-OUT

»OKAY, ihr wollt also echte Dinos werden? Das ist kein Problem! Ich zeige euch, wie man sich als richtiger Dino bewegt. Macht es mir einfach nach und merkt euch die Bewegungen.«

Mit Dino Emilio lernen wir im Roark-out, wie sich Dinos bewegen. Schnappt euch am besten einen Würfel und legt euch fetzige Musik auf. Macht euch zunächst etwas warm und beginnt dann, abwechselnd zu würfeln. Lest die Zahl, die ihr gewürfelt habt, laut vor und schaut nach, welche Dinobewegung sich dahinter verbirgt. Die Übungen seht ihr auf der nächsten Seite.

Würfelt euch durch ein lustiges Roark-out und dann braucht ihr nach ein paar Durchläufen auch die Vorlagen nicht mehr. Fallen euch auch noch eigene Bewegungen ein? Dann nehmt einfach noch einen Würfel hinzu.

MATERIALIEN

- WÜRFEL
- ROARK-OUT-ÜBUNGEN AUF S. 29
- MUSIK

1

STAMPFT 1x MIT JEDEM FUSS AUF

2

MACHT 2 KNIEBEUGEN

3

WACKELT 3x MIT DEM SCHWANZ (POPO)

4

MACHT 4 HAMPELMÄNNER

5

HÜPFT 5x AUF EINEM BEIN

6

BRÜLLT LAUT WIE EIN MUTIGER LÖWE

GRÖSSENVERGLEICH

LET'S PLAY

» Jetzt dürft ihr euch entscheiden:
Wollt ihr eher ein richtig großer oder ein kleiner Dino sein?
Es gibt uns wirklich in allen möglichen Größen.
Kommt, ich zeige es euch.«

1. Sucht euch ein paar Spielfiguren raus, die ihr abmessen wollt. Wenn ihr keine Dinofiguren habt, nehmt einfach andere Figuren oder auch kleine Kuscheltiere.

2. Schnappt euch den ersten Dino und das Lego und baut so viel Lego aneinander, wie der Dino lang ist. Dafür könnt ihr eure Figur am besten auf einen Tisch oder den Boden stellen.

3. Messt mehrere Figuren ab, indem ihr die Legosteine zählt!

4. Nun wisst ihr Bescheid: Welcher Dino ist der größte und welcher der kleinste?
Wie groß wollt ihr werden?

MATERIALIEN

• TIERFIGUREN
• LEGOSTEINE

LET'S CREATE

»So, jetzt seid ihr bereit, euch wirklich in echte Dinosaurier zu verwandeln. Es fehlt nur noch das passende Aussehen, aber da habe ich schon eine Idee!«

1. Schneidet den Pappteller zunächst in der Mitte durch.

2. Nun schneidet in den Rand ein wellenförmiges Muster rein.

3. Bemalt den Pappteller in eurer Dino-Lieblingsfarbe.

4. Schneidet nun für die Augen zwei Löcher in eure Maske, z. B. mit einer Nagelschere.

5. Jetzt könnt ihr die Maske noch mit Hörnern und einer Nase dekorieren und euch als Dino kunterbunt gestalten.

6. Befestigt am Schluss den Strohhalm und schon seid ihr richtige Dinos!

MATERIALIEN

• PAPPTELLER
• TONPAPIER
• FINGERFARBE
• SCHERE & KLEBER
• TRINKHALM (PAPIER)

»Wilma will uns gleich das Spurenlesen beibringen. Hierfür sollten wir noch mal üben, ›links‹ und ›rechts‹ zu unterscheiden. Könnt ihr alle Dinos, die nach links gucken, in Gelb und alle, die nach rechts gucken, in Rot umkreisen?«

SPURENLESEN

JUNIOR

» Alle echten Dinos müssen Spuren lesen können.
Von hier oben ist es leicht, da hat man nämlich einen
super Überblick. Kommt, ich bringe es euch bei.«

1. Bei diesen Spiel macht wirklich alles Spaß! Sucht euch zunächst Spielfiguren aus, die unterschiedliche Füße, also auch Fußabdrücke haben.

2. Legt euch nun die Farbe und das Tonpapier zurecht.

3. Drückt dann die Füße der Figuren in die Fingerfarbe und lasst die Dinos über das Papier laufen.

4. Hierbei entstehen interessante und bunte Spuren, die ihr auch nachher noch den unterschiedlichen Dinos zuordnen könnt. Wer ist wo langgelaufen?

MATERIALIEN

- TONPAPIER
- DINOFIGUREN
- FINGERFARBE

TAG 3
AUF DER SUCHE NACH
DEN DINOEIERN

WAS AM DRITTEN TAG PASSIERT

LET'S TALK: DINOEIER

LET'S MOVE: EIERSUCHE

LET'S PLAY: SCHLÜPFHELFER

LET'S CREATE: DINOKIND

JUNIOR: EIERDIEBE

Liebe Kinder,

ich hoffe, ihr seid fit und munter für den heutigen Tag! Hier herrscht schon große Aufregung: Mehrere Dinoeier von Dinomama Maia sind nämlich spurlos verschwunden. Alle sind schon eifrig auf der Suche, um die verschwundenen Eier wiederzufinden.

Lasst uns Maiasaura bei der Suche helfen. Und sagt mir schnell, habt ihr denn auch schon mal etwas verloren? Wo habt ihr es dann wiedergefunden? Vielleicht sollten wir als Erstes dort nachgucken. Wenn wir uns jetzt alle zusammentun und unsere Augen offen halten, werden wir die Dinoeier bestimmt finden – let's go!

Euer lieber Löwe Leoli

DINOEIER

LET´S TALK

» Bevor wir mit der Suche loslegen –
was wisst ihr denn schon über Dinoeier?
Worauf müssen wir bei der Suche achten?«

1. Schaut euch gemeinsam das Bild auf Leolis Briefseite an. Was seht ihr darauf?

2. Was wisst ihr denn schon über Dinosaurier-Babys? Lest gemeinsam unser ›Wissen-to-Go‹.

3. Habt ihr einen Fußball und ein Hühnerei zu Hause? Holt euch beides her.

4. Könnt ihr mir wieder beim Rätseln helfen? Auf der nächsten Seite können wir gemeinsam die Dinoeier in den Nestern zählen.

WISSEN-TO-GO: Alle Dinosaurier legten Eier! Neben runden Eiern haben manche Dinos auch ovale Eier gelegt, wie Hühner. Doch nicht nur das Aussehen, sondern auch die Größe der Eier war unterschiedlich. Manche Eier waren sogar so groß wie Fußbälle. Über Dinobabys wissen Forscherinnen und Forscher nicht so viel. Aber man nimmt an, dass viele Jungtiere von ihren Müttern versorgt wurden. Übrigens: Ausgebrütet wurden die Eier wahrscheinlich nicht. Die meisten Dinos waren so schwer, die Eier wären beim Ausbrüten vielleicht zerbrochen.

» Lasst uns mit der Suche beginnen, indem wir Boris und Wilma helfen, die Eier in den Nestern zu zählen. Zählt die Eier und kreuzt die richtige Zahl an!«

EIERSUCHE

LET'S MOVE

»Jetzt steht es fest: Vier Eier von Maiasaura
sind verschwunden. Wenn wir alle gemeinsam suchen,
finden wir die Eier bestimmt wieder.«

Bei diesem Spiel suchen wir ein rotes, gelbes, grünes und blaues Dinoei. Schneidet auf Seite 67 eure Eierablegeorte aus und legt sie z. B. auf den Boden des Zimmers, in dem ihr spielt. Sucht euch nun 4 Sockenknäuel aus, die eure Dinoeier sind. Am besten rote, gelbe, grüne und blaue Sockenknäuel. Der Erwachsene kann die Socken nun in einem Zimmer verstecken.

Die Kids haben jetzt die Aufgabe, alle Eier so schnell wie möglich zu finden und auf die Eierablageorte zu legen. Auf los geht's los!

MATERIALIEN

- ROTE, GELBE, GRÜNE
  UND BLAUE SOCKEN
- VORLAGE SEITE 67
- SCHERE

SCHLÜPFHELFER

Achtung: Für die Vorbereitung braucht ihr etwas Zeit!

LET'S PLAY

» Puh, wir haben die Dinoeier noch rechtzeitig gefunden. Schaut mal her – ich glaube, hier schlüpft gerade ein kleines Dinokind.«

1. Schnappt euch den ersten Luftballon und pustet diesen zunächst auf. Dann ist der Ballon vorgedehnt.

2. Die Dinofigur muss nun in den Ballon geschoben werden. Achtet darauf, dass der Ballon dabei nicht kaputtgeht. Alternativ könnt ihr den Dino in eine Eiswürfelform legen.

3. Füllt nun etwas Wasser in den Ballon – das muss nicht besonders viel sein – und knotet ihn zu.

4. Lasst euer Dinoei nun in der Kühltruhe gefrieren.

5. Am nächsten Tag könnt ihr eure Dinoeier befreien und den Dinokindern beim Schlüpfen helfen. Fallen euch Methoden ein, wie ihr das Eis zum Schmelzen bringen könnt? Oder habt ihr Werkzeug, um den Dino zu befreien?

MATERIALIEN

- KLEINE SPIELFIGUR
- LUFTBALLON ODER EISWÜRFELFORM
- WASSER

DINOKIND

LET'S CREATE

» Seht her — einige Dinokinder haben es schon fast geschafft. Wollt ihr eines der Dinokinder behalten? Wie wollen wir diesen Dino hier nennen?«

1. Zuerst könnt ihr mit der Schere einen Pappteller mit einer Zickzacklinie in zwei Hälften schneiden.

2. Klemmt nun den Pompom in die Wäscheklammer und schon habt ihr einen einfachen Stempel!

3. Tupft nun das Ei bunt an.

4. Malt euch jetzt einen einfachen Dinokopf oder schneidet das Dinokind auf der Seite 69 aus und klebt es auf die Rückseite eures Dinoeis.

MATERIALIEN

• PAPPTELLER
• FINGERFARBE
• WÄSCHEKLAMMER
• POMPOM
• SCHERE UND KLEBER
• DINOKIND AUS DER VORLAGE AUF SEITE 69

EIERDIEBE

» Wir sollten nun die restlichen Eier in ihren Nestern schützen. Lasst uns Sand über sie streuen, dann können Eierdiebe sie nicht so einfach finden.«

1. Befüllt eine durchsichtige Dose oder ein anderes Gefäß zur Hälfte mit Sand.

2. Legt nun Dinospielfiguren und 3 bis 4 Murmeln in die Dose.

3. Die Aufgabe ist nun, dass kein Dinoei, also keine Murmel zu sehen ist. Alle Eier sollten zu jeder Zeit gut mit Sand bedeckt sein.

4. Der Erwachsene kann den Eierdieb spielen und die Murmeln immer mal wieder freischütteln.

MATERIALIEN

- SAND
- PLASTIKDOSE
- DINOFIGUREN
- MURMEL

TAG 4
AUSFLUG ZUM VULKAN
TAUSEND-LAVA

WAS AM VIERTEN TAG PASSIERT

LET'S TALK: VULKANE

LET'S MOVE: GESTEINS-HÜPFEN

LET'S PLAY: VULKANAUSBRUCH

LET'S CREATE: DINOSTIEFEL

JUNIOR: VERRÜCKTES FEUERWERK

Liebe Kinder,

super, ihr seid da! Ich dachte schon, ihr hättet unseren Ausflug zum Vulkan Tausend-Lava ohne mich machen wollen. Ich habe extra einen Rucksack vollgepackt mit tollen Sachen für uns. Natürlich habe ich auch eine Sonnenbrille dabei. Man weiß ja nie, wie hell es an einem Vulkan so werden kann.

Schaut mal, der Vulkan ist heute sogar aktiv und spuckt bereits Feuer und Lava in die Luft! Wir müssen als Gruppe aufeinander achtgeben und dicht zusammenbleiben. Zum Glück sind unsere Dinofreunde sehr erfahrene Vulkanwanderer. Sie zeigen uns einen sicheren Weg. Oh, jetzt geht's schon los – let's go!

Euer lieber Löwe Leoli

VULKANE

»Ich bin ganz aufgeregt, dass wir heute einen echten Vulkan besuchen. Was wisst ihr denn schon über Vulkane?«

1. Schaut euch gemeinsam das Bild auf Leolis Briefseite an. Was seht ihr darauf?

2. Was wisst ihr denn schon über Vulkane? Lest gemeinsam unser ›Wissen-to-Go‹.

3. Geht auf Spielzeugjagd: Habt ihr Bücher oder Spielmaterialien, in denen ein Vulkan vorkommt?

WISSEN-TO-GO: Ein Vulkan sieht aus wie ein Berg, bei dem die Spitze fehlt! Durch ihn kommt Gestein aus dem Inneren der Erde an die Oberfläche. Im Inneren der Erde ist es nämlich so heiß, dass das Gestein flüssig ist und sich bewegt. Wenn das flüssige Gestein noch unter der Erde ist, heißt es übrigens Magma. Sobald es an die Oberfläche kommt, nennt man es Lava. Wird die Lava dann an der Oberfläche fest, so entsteht ein großer Hügel, unser Vulkan! Auch heute gibt es noch viele Vulkane auf der Erde, die zu jeder Zeit ausbrechen können.

GESTEINS-HÜPFEN

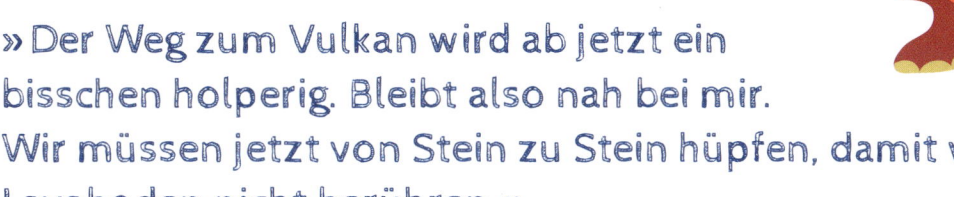

» Der Weg zum Vulkan wird ab jetzt ein bisschen holperig. Bleibt also nah bei mir. Wir müssen jetzt von Stein zu Stein hüpfen, damit wir den Lavaboden nicht berühren.«

Bei dem Spiel Gesteins-Hüpfen müssen die Kinder eine Strecke absolvieren, ohne dabei den Boden zu berühren. Denn Vorsicht: Der Boden besteht bereits aus Lava!

Baut euch aus Kissen und Stühlen etc. einen Parkour auf, der von den Kindern überwunden werden muss, indem sie von Kissen zu Kissen hüpfen, ohne dabei den Boden zu berühren. Wenn ihr euch keine Strecke legen möchtet, könnt ihr auch einfach für eine bestimmte Zeit (z. B. für 3 Minuten) spielen. Dabei könnt ihr z. B. auch Musik laufen lassen. Der Fantasie sind bei diesem Spiel keine Grenzen gesetzt – vielleicht fallen euch noch eigene Regeln ein?

MATERIALIEN

- KISSEN, SOFAS, DECKEN
- MUSIK

»Oh – hier gibt es viele Wege, aber nur einer führt zum Vulkan Tausend-Lava. Könnt ihr uns helfen, den richtigen Weg zu finden?«

VULKANAUSBRUCH

LET'S PLAY

» Endlich! Wir sind angekommen!
Wow — seht euch diesen Vulkanausbruch an.
Ist das nicht ein spektakulärer Anblick?«

1. Stellt zuerst das Glas auf den Teller und diesen auf eine wasserfeste Unterlage, z. B. ein Tablett.

2. Wickelt nun die Alufolie über den Teller und das Glas, sodass ein Vulkan entsteht, das Innere des Glases jedoch noch befüllt werden kann.

3. Füllt nun das Backpulver in das Vulkanglas.

4. Mischt in einem Extraglas das Wasser, den Essig und die Lebensmittelfarbe. Tropft einen Tropfen Spüli hinzu.

5. Sobald ihr nun das Essig-Wasser-Gemisch in den Vulkan gießt, geht das Spektakel sofort los!

MATERIALIEN

- GLAS
- TELLER
- ALUFOLIE
- 3 PÄCKCHEN BACKPULVER
- SPÜLMITTEL
- ½ GLAS ESSIG
- ½ GLAS WASSER
- ROTE LEBENSMITTELFARBE

DINOSTIEFEL

LET'S CREATE

» Der Vulkan bricht stärker aus als gedacht. Wir sollten uns flink in Sicherheit bringen. Steigt hierfür in die Dinostiefel — mit ihnen könnt ihr euch schnell in Sicherheit bringen.«

1. Bemalt oder beklebt beide Pappboxen in einer tollen Farbe und lasst diese gut trocknen.

2. Schneidet euch aus dem Tonpapier insgesamt 6 Zehennägel zurecht, die gut zu der Größe eurer Dinostiefel passen.

3. Klebt diese nun auf eure Stiefel und schlüpft mal hinein. Könnt ihr jetzt so große Schritte machen wie Dino Boris?

MATERIALIEN

- ZWEI KOSMETIKTÜCHER- BOXEN ODER SCHUHSCHACHTELN
- FINGERFARBE
- TONPAPIER
- SCHERE UND KLEBER

FEUERWERK

JUNIOR

» Jetzt haben wir genügend Abstand, um das Feuerwerk in Ruhe zu beobachten. Packt gerne eure Brote aus, hier machen wir eine kleine Rast!«

1. Ihr könnt euch gemeinsam ein schönes Tonpapier aussuchen.

2. Der Erwachsene malt nun mit den Buntstiften einen Vulkan auf das Papier. Man kann diesen auch aus Tonpapier aufkleben.

3. Jetzt kann das Kind mit den Fingern oder der Hand in die gelbe und rote Farbe eintauchen und ein schönes Feuerwerk über den Vulkan tupfen.

MATERIALIEN

- TONPAPIER
- BUNTSTIFTE
- ROTE UND GELBE FINGERMALFARBE

TAG 5
DIE SAURIERSAUSE

WAS AM LETZTEN TAG PASSIERT

LET'S TALK: DINOPARTY

LET'S MOVE: ZACKENKÖNIG

LET'S PLAY: EIERWETTPUSTEN

LET'S CREATE: BESUCHER BORIS

JUNIOR: LAVALAMPE

Liebe Kinder,

und schon ist der letzte Tag bei den Dinosauriern da. Eines kann ich euch versprechen – es wird ein super Tag! Wir feiern heute nämlich eine echte Sauriersause. Dinosaurier sind richtige Partytiere und immer für Spaß zu haben. Sie wollen uns sogar ein paar echte Dinospiele zeigen.

Ihr seht ja, die Feier ist schon im vollem Gange. Da können wir uns auch gleich von allen verabschieden und uns für diese abenteuerreiche und unvergessliche Woche bedanken! Auf ins Getümmel – let's go!

Euer lieber Löwe Leoli

Leolis Sauriersause

DINOPARTY

»Ich freue mich auf die Party, finde es aber auch sehr schade, dass unsere Zeit bei den Dinos schon vorbei ist. Was denkt ihr, werden wir unsere Freunde wiedersehen?«

1. Schaut euch gemeinsam das Bild auf Leolis Briefseite an. Was seht ihr darauf?

2. Wenn ihr an die tollen Dino-spiele und an die Abenteuer zurückdenkt, was hat euch besonders viel Spaß gemacht, und warum?

3. Welchen unserer Dinofreunde habt ihr besonders lieb gewonnen und würdet sie oder ihn gerne mit nach Hause nehmen?

4. Und jetzt, liebe Freunde: Stürzen wir uns ein letztes Mal ins Abenteuer! Eine Bitte noch: Hier liegen einige Gegenstände, die nichts auf einer Dinoparty verloren haben. Könnt ihr die Sachen finden, die wir unbedingt brauchen?

»Welche Gegenstände gehören unbedingt auf eine Party?«

ZACKENKÖNIG

» Liebe Kinder, bevor ihr geht, möchte ich euch noch mein Lieblingsspiel zeigen. Es ist ein Dino-Spiele-Klassiker und vielleicht spielt ihr es ja auch mal bei euch zu Hause.«

Jedes Kind erhält 3 Wäscheklammern (Dinozacken), die es sich gut sichtbar an die Kleidung klemmt. Die Spielenden bewegen sich nun in einem Raum und versuchen dabei, die Zacken der anderen zu klauen. Diese müssen dann ebenfalls gut sichtbar an der Kleidung befestigt werden. Zackenkönig wird der Dino, der am Schluss die meisten Klammern geklaut hat.

Variation: Auf ein Klatschen müssen die Kinder versuchen, so viele Zacken wie möglich bei den anderen Dinos zu befestigen. Diese »Richtungsänderung« könnt ihr mehrmals machen! So weiß niemand, wer am Schluss gewinnen wird – der Dino mit den meisten Zacken oder der mit den wenigsten.

MATERIALIEN

• 3 WÄSCHEKLAMMERN PRO SPIELER

EIERWETTPUSTEN

LET'S PLAY

» Habt ihr noch ein bisschen Puste übrig?
Für mein Lieblingsspiel müsst ihr nämlich noch mal alles
geben. Hach, ich werde euch richtig doll vermissen.«

1. Knetet euch zuerst eine lange Schnecke aus Knete.

2. Die Schnecke sollte auf einen Tisch oder Untergrund gelegt werden, an den die Kinder gut herankommen. Das kann auch der Boden sein.

3. Nun schnappt euch das erste Dinoei und los geht's: Das Ei darf nur mithilfe der Puste den kleinen Parkour überwinden und soll zum Schluss ruhig in der Mitte liegen.

4. Wer schafft es am schnellsten, sein kleines Ei zu bewegen? Wie viele Puster werden benötigt, bis das kleine Ei das Ziel erreicht hat?

MATERIALIEN

- KNETE
- TISCHTENNISBALL

DINOBESUCH

LET'S CREATE

» Es ist wirklich schade, dass ihr schon wieder nach Hause müsst. Ich würde euch so gerne mal besuchen kommen. Könnt ihr mich nicht einfach mitnehmen? «

1. Klar können wir: Halbiert zuerst den Pappteller und malt die Hälfte in einem schönen Grünton an.

2. Schneidet euch nun aus dem Tonpapier den Kopf und den Dinoschwanz zurecht.

3. Befestigt alles mit dem Kleber am Dinokörper und malt Boris ein nettes Gesicht – klebt ihm z. B. Wackelaugen auf.

4. Schnappt euch nun die Papprolle und schneidet sie in der Mitte durch. Bemalt diese ebenfalls in der Farbe eures Dinos!

5. Schneidet beide Rollen nun einmal ein, sodass ihr den Dinokörper auf seine Beine klemmen könnt! Was werdet ihr Boris bei euch zu Hause als Erstes zeigen?

MATERIALIEN

- PAPPTELLER
- TONPAPIER
- SCHERE UND KLEBER
- WACKELAUGEN

LAVA IN DER FLASCHE

JUNIOR

» Wir haben noch ein Geschenk für euch, das euch immer an die tolle Zeit hier bei uns erinnern soll. Diese Lava hier ist nur für euch — kommt uns mal wieder besuchen!«

1. Füllt die Glasflasche zu einem Viertel mit Wasser und gebt etwas Lebensmittelfarbe hinzu. Ihr könnt die Flasche etwas schwenken, damit sich die Farbe gut verteilt.

2. Nun füllt ihr die Flasche vorsichtig mit Öl auf. Das bunte Wasser und das Öl werden sich nicht mischen (das Öl ist leichter als das Wasser und bleibt deshalb immer oben).

3. Jetzt könnt ihr 1 bis 2 Brausetabletten in kleinere Stücke brechen und Stückchen in die Flasche werfen. Eure Lava wird anfangen zu sprudeln.

MATERIALIEN

- GLASFLASCHE
- PFLANZENÖL
- WASSER
- LEBENSMITTELFARBE
- BRAUSETABLETTEN

VORLAGEN

Nachfolgend findet ihr ein paar Vorlagen, um die Ideen noch bunter zu gestalten! Diese Vorlagen sind aber kein Muss. Wenn ihr die Vorlagen bereits ›verspielt‹ habt, dann improvisiert. Malt euch einfach eigene Tiere, Früchte und Gemüse oder druckt sie euch erneut aus! Scannt hierfür den QR-Code und schon seid ihr wieder bestens ausgerüstet!

Scannen und Vorlagen erneut ausdrucken!

www.kitatogo.de

64

Spiel: Große Ausgrabung auf Seite 19

Spiel: Eiersuche auf Seite 40

ROT

GRÜN

GELB

BLAU

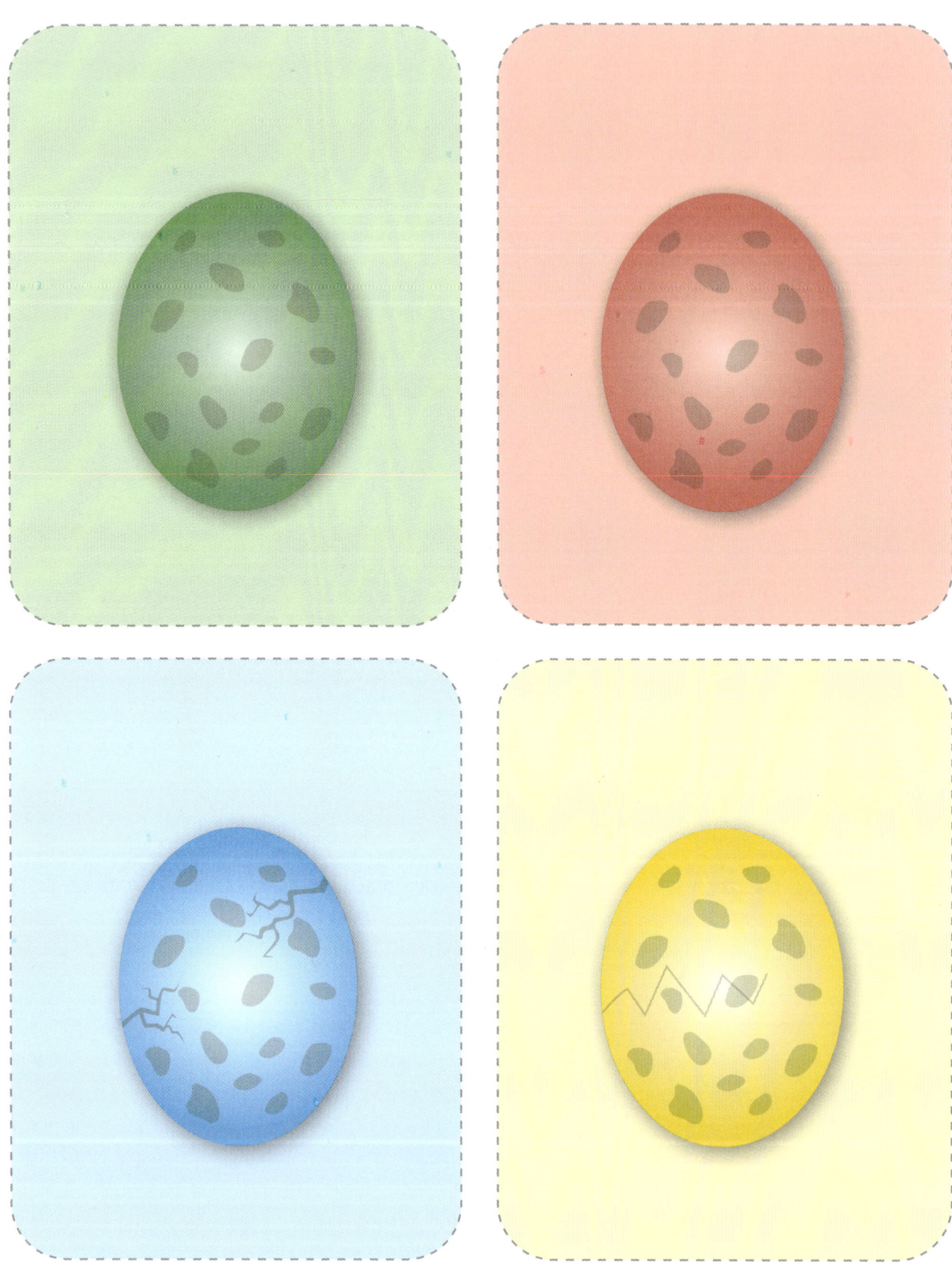

Basteln: Dinokind auf Seite 42

Basteln: Dinokind auf Seite 42